AF666237

Visdommens digte – En søgen efter balance

Christian Hørup

Visdommens digte – En søgen efter balance

Lyrik

FSC
www.fsc.org
MIX
Papir fra ansvarlige kilder
Paper from responsible sources
FSC® C105338

Forlag: BoD • Books on Demand GmbH, In de Tarpen 42, 22848 Norderstedt, Tyskland
Tryk: Libri Plureos GmbH, Friedensallee 273, 22763 Hamborg, Tyskland
ISBN: 978-87-4305-883-0

Forord

Livet handler om at finde balancen i eget liv.
Det handler også om at få mest mulig åndelighed ind i det liv der er dig givet.
Vi mennesker vokser med udgangspunkt i vores åndelighed, ikke vores materialistiske besiddelser.
Samtidig giver åndeligheden os en mulighed for at skabe et moralsk kompas, hvorfra vi bedst muligt evner at kunne vurdere vores egne tanker, intentioner og handlinger.
Vi har alle evnen, men mennesket er af natur dovent og vores vaner bliver virkelighedsskabende.
Vi søger det hurtige rush og de hurtige resultater, uden nødvendigvis at overveje om hvorvidt det er godt for os.
Det nemme er ikke altid rigtigt og det rigtige ikke altid nemt.

Gode tanker og intentioner ikke altid er nok, men der kræves selvsagt også handling.
Som menneske kan vi hurtigt forfalde til at brokke os over omstændighederne og hvis bare at andre kunne forstå eller gjorde dette, så ville jeg kunne lykkes.

Her kan man med fordel så stille spørgsmålet, som jeg i øvrigt selv fik engang af en klog mand, ”Jeg hører hvad du siger. Men hvad har du selv gjort?” Det er ved hjælp af dine spørgsmål til eget liv, at dit kompas bliver dannet. Hvor og hos hvem du søger svaret, viser ligeledes hvem du er som person.

Jeg håber at du, kære læser, finder disse digte givende og måske tankevækkende.
Måske de kan hjælpe dig til at reflektere på en anden måde end du har været vant til, eller også kan de bidrage til at give plads til dine egne tanker.
Ved at dele dine refleksioner kan visdom opstå.
Hele idéen med at skrive denne bog opstod da jeg ønskede at give mine tanker videre til mine kære børn.
Dette hvis jeg en dag måtte dø førend jeg havde mulighed for at give min ”visdom” videre til dem.
Samtidig håber jeg også, at denne bog kan give en forståelse af hvad der kan have været med til at forme mig. Vi formes alle af vores livs hændelser.
Det har ligeledes været en barnedrøm at ville være forfatter, hvilket så bliver realiseret nu.
Dette håber jeg kan ses som inspiration til mine elskede drenge, men også dig kære læser.

Jeg vil selvsagt gerne takke min kære viv, Katja, samt mine kære drenge, William, David og Mathias, for at inspirere mig til tilblivelsen af denne bog.
I har uden tvivl givet mig stof til eftertanke samt gode refleksioner og på baggrund af dette har jeg fået visdom og ikke mindst en masse kærlighed. Målet er at være en bedre og rigtig udgave af mig selv. Det er en rejse som jeg er taknemmelig for at I er med på – tak!
Tak til dig Thomas, for at stå der når det gælder også når livet gør ondt. Tak for at være evigt nysgerrig, og tak for at stille det glimrende spørgsmål der blev startskuddet til et liv med fokus på egetansvar.
Tak til de gode mennesker som er at finde i mit liv, herunder mine søskende og familie som er gode til åbne deres hjem, sind og hjerter.
Tak til Gitte og Aage for årlig kost og logi, hvor jeg kan reflektere og mine drenge kan være børn.

Du ønskes god læselyst og jeg håber at mine tekster kan bidrage, om end bare en smule, til at du kan indstille dit moralske kompas.

Christian Hørup

Søgen

Jeg søgte min plads, søgte mit kald.
Jeg søgte meningen med mit liv, før mit liv gik i forfald.

Jeg søgte svar da alt omkring mig ramlede.
Jeg søgte svar, jeg søgte forgæves og famlede.

Jeg søgte et ståsted, søgte noget hvor jeg havde evner, hvor jeg var god.
Jeg søgte alene og efterladt hvor jeg ensomt stod.

Søgte råd og ro hos andre voksne men de lo hånt om mit råb.
De gav mig større tvivl, de fjernede det sidste håb.

Jeg troede at jeg havde fundet mine evner, fundet min plads.
Troede at jeg havde fundet mit kompas, fundet tryghed i mit eget palads.

Jeg er bange for at jeg ikke har mere at give, at jeg nu er tømt.
Bange for at jeg af dig og samfundet nu bliver dømt.

Var mit bedste godt nok, kan det overhoved af nogen bruges.
Mit ego og selvværd er på spil, mit selvbillede det trues.

Jeg håber at der måtte være nogen der dette kan bruge, om end så blot de få.
Jeg ønsker at kunne hjælpe dig på din vej, hjælpe dig med fortsat at kunne gå.

Jeg ved at livet kan være svært og svær at regne ud.
Jeg ønsker at du kan bruge dette, dette er mit ydmyge visdomsskud.

Ord kan tolkes, vi forstår disse ud fra vores egen forståelse.
Livet skal leves, vi skal alle dø – det er uden omgåelse.

Måske – måske ikke

Tror du, tror jeg

Tro på livet
Tro på dig selv
Tro på at gode handlinger bringer dig held
Tro på at du er en kærlighed givet/

Tro på noget større end dig
Tro på at der findes en gud
Tro på at du ej alene fra livet går ud
Tro på at du i himlen finder mig/

Tro på at livet er godt selvom det er svært
Tro på at lykken står dig bi på din vej
Tro på at smilet bringer minder om mig
Tro på at vi to sammen fik livet lært/

Tro på at jeg elsker dig
Tro på at jeg gjorde mit bedste
Tro på at livet ofte vil dig teste
Tro på at vi ses når livet sætter den endelige streg/

Tro på at du selv har svaret
Tro på at vi ses igen når livet er klaret/

Tal

Et smil, et grin, et elskeligt vink/
To øjne der mødes i en evighed, i et kortvarigt blink/
Tre hop fra hjertet der mærker en pludselig varme/
Fire øjne der længes, længes efter hinandens arme/
Fem sekunder er alt der er gået/
Seks slag har væguret slået/
Syv er tallet der bringer dem lykke/
Otte er uendeligt hvis det vendes et stykke/
Ni er det næste og sjælen sættes fri/
Lykken er gjort ved det sidste tal, ti/

Livets lyrik

Stilheden rammer mig i sind og hjerte som havets
bølger/
Sikkert er det, at det alt sammen os forfølger/

Havets uendelige store og blå verden/
Fyldt med alverdens mystik/
Tager os alle med på livets færden/
Sammen skaber vi vores eget livs lyrik/

Svøm for dig og hvad du har kært, svøm med leg det
bedste du har lært/
Mærk de små bølger der på kroppen dig rammer,
mærk hvorledes livets bølger dig krammer/

Bølgerne skaber livets lykke/
Svøm du blot det korte stykke/

Vi alene, dig mig

Vi danser sammen, gennem livets små pytter/
Vi synger og glædes når vi til hinanden lytter/
Vi vælger at danse i den silende regn/
Vi higer alle efter kærlighedens små tegn/

Vi søger ej læ, søger ej mod ly/
Vi ved at solen sig gemmer bag den mørkeste sky/
Vi nynner højt med fryd til vores livsmelodi/
Vi holder af hinanden, sammen føler vi os fri/

Du er mig og jeg er dig, vi er alle blot én/
Vi er her nu i dette sekund, vi dør ej uden mén/
Sammen og hver for sig, kan vi livet dog nyde/
En stille tak for dig og alt, skal dog til slut lyde/

En, et, nu, for altid

Et liv fyldt med passion og jagten på denne.
Er et liv fyldt med håb og nye veje.

Et liv med formål og kærlighed at sende.
Er et liv fyldt med mening, når du synes at svaje.

En smerte er en mulighed for at lære dig selv at kende.
En glæde er en følelse du kan låne, men ej eje.

Nuet sker på et øjeblik, det går så nemt af hænde.
Livets legeplads ligger øde hen, vi husker ej at lege.

Livet sker, men vejen den slutter, alt har en ende.
Døden til os alle kommer, vi kan blot bukke og neje.

Hvilket formål du i livet har, er op til dig at bekende.
Hvorledes andre dig skal huske, er dit job at pleje.

Jeg forstår - måske

Jeg mærker efterårets kommen, selvom
sommerens sol står højt
Jeg fornemmer at den kraftige vind er på vej, på
trods af fuglefløjt
Jeg ser så småt bladene skifte farve, de står ikke
længere skarpt grønt
Jeg dufter jorden blive mere våd, selvom skov og
mark står så kønt
Jeg frygter at jeg ej er her på denne jord, når
efteråret det rammer
Jeg elsker livet og dig, selvom livets bånd til tider
strammer
Jeg ved at efterår, er et tegn på at kloden drejer
Jeg siger blot stille, at livets cyklus på os alle peger

Perspektiv

En bakke
Et bjerg
For nogen ubeskriveligt at kunne besejre/
For andre ikke værd at fejre/

Et liv
Livet
Alt tolkes og vurderes ud fra et subjektiv/
Du vil alle dage høre andres mening om det rigtige liv/

Kærlighedens moral
Moralens værdier
Elsk dig selv som du elsker din næste/
Kys livet og gør dit bedste/

De små blev store

De små fødder der lister, blødt på det varme træ/
Den sagte lyd af stemmer der griner, det er starten på en ny dag/
En dør springer op, og øjnene hos de kære små stråler/
Et ønske om det syn igen at se, en gentagelse jeg tåler/

At mærke de små arme, kramme om min hals/
Vil i mig for altid sidde, til jeg danser min sidste vals/
At glædes over nuet, og samtidig savne tiden der var/
Er den største glæde der er, og den største sorg jeg har/

Selv når de små er blevet store, og fløjet ud på livets færden/
Har de altid hjemme her, for de er min hele verden/
Nyd nu det blot det smukke liv, vid at der er både kulde og varme/
Nyd det blot og husk, at I for altid har en plads i mit hjerte og i mine arme/

De fire faser

Som livets fire faser os fortæller/
Du skal finde det, der for dig gælder/
De fire årstider er livets faser/
Glem det ej, når livet dig maser/
Hvilken årstid der bekommer dig bedst/
Ved kun du, dit eget livs hædersgæst/
Elsk dem alle fire, gør det men vid/
At livet er nu, dette er din tid/

Forårets farver springer ud i fuld flor/
Dyr og insekter kommer frem på moder jord/
Livet springer ud, solen melder sin ankomst/
Bierne flyver fornøjeligt rundt, bestøver en blomst/
Foråret er kommet og jorden sig glæder/
Vinteren er bort, væk er kuldens kæder/

Sommeren bringer varme, jorden næres/
Naturen vokser, alt det grønne beskæres/
Stranden kalder, mennesket flokkes/
Sandet er lunt, af det kølige vand vi lokkes/
Natur og musik smelter sammen i en fin symbiose/
Manden til kvinden plukker den smukkeste rose/

Farverne skifter, med ét er det efterår/
Vi indser så småt, hvordan tiden forgår/
Med efterår kommer køligere vejr/
Træerne går i hi, smider bladene hver især/
Mennesker samles med tæppe, lys og hygge/
Vinteren er på vej, men med hinanden føler vi os
trygge/

Vinteren er kommet, byder på blæst og sne/
Naturen den driller, og alt kan ske/
Børn og voksne der på kælken sammen leger/
Den klode hvorpå vi alle lever, stille drejer/
Der er nu smukt, ved et landskab så hvidt/
Der er nu noget trygt ved en ro, der sænker sig blidt/

Drømmens virkelighed

Vi sidder ved bordet, den usynlig kraft begynder at
trække i mig.

Jeg ser på jer, ligegyldigheden er malet i jeres
ansigter

Jeg mærker hvordan jeg bliver trukket væk, væk fra
bordet.
Væk fra det trygge.

Jeg prøver at gribe fat i din arm. Din trøje.
Du ænser mig ikke et blik.

Jeg kigger ned af gangen. Mod min vilje. Men kan
ikke undgå det. Kraften står og venter. Klar.
Der står de.

De sorte ansigter. Eller er de hvide. Måske
gennemsigtige. Uden mimik.
Jeg ved at de smiler.
Ondskabsfuldt. Forventningsfuldt

Kraften bliver stærkere. Jeg ligger nærmest vandret
i luften. Kun din trøje holder mig tilbage.

Trøjen i kamp mod kraften og den sorte gang.
Endelig. Du tager fat i min hånd. Kigger på mig. Jeg kan ikke se dine øjne. Andet end ligegyldigheden.
Du løsner min hånd fra din trøje.
Jeg kan ej skrige, lyden er stum.
Mine skrig må komme ud af mine øjne – det er jeg sikker på.

Jeg forsvinder længere væk – tættere på.
De smiler nu, det er jeg sikker på. Frygten bliver større – det samme gør deres tænder.

Jeg kigger tilbage mod dig, med håb. Håb om at du vil kæmpe. At du henter mig tilbage.
Jeg ser dig vende dig om. Du smiler. Dit ansigt bliver sort. Eller bliver det hvidt. Måske gennemsigtigt.
Væk.

Jeg forsvinder ind i mørket. Ind i smerten af frygt.
Mit sind giver op, men det gør min krop ikke.

Jeg ved, at drømme er rare. For der stopper smerten og angsten.
Tænderne virker mere frygtindgydende i virkeligheden.

Livets reb

Hold fast, hæng i, hold ud.

Lad dig glædes, elskes og forføres-
Erkend, livet er barskt og ubarmhjertigt.
Erkend, livet er smukt og grandiost-
Skynd dig, men hav tålmodighed.
Forvent, men lad dig overraske-
Elsk og lad dig elske.

Så hold fast i livets reb og lad dig svinge frem og tilbage/
Så hæng i livets tråd og lad godt selskab dig ledsage/
Hold ud hvad livet dig giver og lad oplevelserne dig behage/

Det sidste blik, den sidste lyd

En slagen mand, i det varme sand, kroppen der kun
kan køles ned af det lune vand/

Et træ der støtter, en hjælp der nytter, en skygge
som med tiden sig evigt flytter/

En tårer triller ned af den ene kind, en tøvende vind,
bevæger hans sind/

Aldrig sig selv og altid alene, altid i tvivl om hvad
han bør mene, han mærker hver nerve og hver en
sene/

En sol der går ned og stjerner står op, varmen
forlader hans trætte krop, et sted i havet høres et
sagte plop/

På munden ses et lille smil, kroppen har gået sin
sidste mil, hans sjæl tager nu det sidste hvil/

Både og

For nogen kan regnen føles som et fængsel/
For andre kommer regnen aldrig og giver en følelse af længsel/
For nogen er solen det eneste der virker/
For andre er det grunden til at naturen den knirker/
Nogen plukker blomster med smukke farver/
Andre må se deres afgrøder overtaget af larver/
Nogen smiler, griner og ler/
Andre finder kun glæden, når de be'r/
Nogen danser i regn, blæst og vind/
Andre mærker kun vand, som tårer på deres kind/

Træk blot vejret og mærk dit indre/
Naturen omkring os, vores sjæl vil lindre/

Næring

Nærer du selv, hvad du næres af/
Vander du selv, livets træ/
Husker du, den gode energi/
Vælger du at sætte kærligheden fri/

Den følelse du får, som andre dig giver/
Er en gave som mellem jer to bliver/
Nær hvad end der måtte give dig energi/
Mærk hvorledes, I kommer ud af jeres hi/

Din næring er handlinger og ærlige ord/
Ud fra disse, vi alle sammen gror/
Hjælp det gode, ansvaret er dit/
Lad dig ej binde, ordet er frit/

Tag min hånd, du har mit hjerte

Kære søn, tag min hånd og lad os vandre/
Gennem livet, jeg slipper ej din hånd/
Sammen kan vi lære/
Der kommer en tid hvor min sti må ende og jeg dig
ud på livets eventyr må sende/

Kære søn vid da, at min kærlighed aldrig slutter/
Selvom du en dag mig ej kan se/
Mærk da i dit hjerte/
At du altid min hånd kan klemme og min kærlighed
altid fornemme/

Indtil stien den ender og smilet kort forstummer/
Går jeg glad og rank på livets sti/
Og klemmer stolt din hånd/
Så smil min dreng og vær blot stolt, når hjertet er
varmt er livet ej koldt/

Den sidste symfoni

Et sidste digt, et sidste ord/
En sidste symfoni med ordene gror/
Gaver er givet og den sidste pakke bindes/
Der kæmpes en kamp, med tro kan den vindes/

Tro på dig selv, omfavn da blot denne smukke verden/
Sæt dit mærke, stå ved dig selv med ærlig færden/
Smil da blot til hvad der måtte ske/
Blot dit hjerte, lad det se/

Livets mappe

Livet er kort og alligevel det længste vi har.
Livet er nemt, men vi føler os sjældent klar.
Livet er farverigt, dog ser vi det sort og hvidt.
Livet bare er, men vi dømmer om det er godt eller skidt.
Livet er dit, men vi kigger på os selv med andres øjne.
Livet er valg, din moral er ærlig eller fyldt med løgne.
Livet går og din handling bestemmer.
Livet slutter og dine nærmeste dig ej glemmer.

Føler du, lever du

Den indre balance, et mål mod at være i vatter.
En accept af sig selv og det vi ikke fatter.
En sårbarhed ved dine tårer og din latter.

Et dådyr i sigte, et blik der mødes.
Et pludseligt smil på læberne fødes.
Det er en følelse der ej bort må stødes.

Fuglen kvidrer, det gør den så tit.
Ræven den lusker og tæller sine skridt.
Alt imens busken svajer på strandens klit.

Den er barsk og smuk, den vilde natur.
Mennesket i ubalance, opvokset med dressur.
Luk fuglen ud, ud af sit bur.

Det er dit liv, din tur.

Vinden

Som luftballonen der flyver, fyldt med luft og håb
Svæver vi som mennesker, beriget gennem dåb
Gennem livet
Intet er givet

Andet end at livets vinde, enten hård eller blid
Rusker os igennem, enten glæde eller slid
Husk blot
Alt bliver godt

De flotte farver bliver til minder
De dybe dale og de høje tinder
Omfavner dit sind
Aer din kind

Luk derfor blot luft ind og følg dit livs særlige vind

Med forlov

Hold min hånd, lad os skabe et bånd
Lad os fylde hinandens liv og berige hinandens ånd

Du bør altid vide at jeg står ved din side
Til den dag vi mod den sidste solnedgang må ride

Årene går, hukommelsen forgår
Men smilene og kærligheden imellem os består

Smil for mig som jeg smiler for dig
Og vid at vi består sammen og hver for sig

En

Det stille blik og det rolige smil
Den sagte følelse af glæde og hvil
To øjne der kigger både dybt og så langt de rækker
En sjæl der ses bag selv de mindste sprækker
En ærlighed så skrøbelig, smuk og fin
En følelse der er ægte, for den er din
Et liv bliver til to og måske flere
En lykkerus hvor du jagter mere
Sandheden er at alt forgår
Uanset hvor meget du i livet opnår
Smil for det enkle og det der er svært
Glæd dig i erkendelse af, at du ikke alt får lært

Mening?

Et træ der står alene og breder sine kroner
Med tro på egne rødder
Et menneske der vakler på usikre fødder
Og søger at danse til livets toner
En filosofi, en livsværdi
Vi har alle brug for mening og mål
Kærligheden viser vej, men vi kæmper med stål
Med kærlighed som livets anker føler du dig fri

Vejen forbi, vejen derhen

To veje der skiller og lader dig føre
I hver sin retning, tavs uden svar
To veje med valg om hvad du skal gøre
Selv uden erfaring du alene valget har/
Det vides ej om vejen tager dig forbi skov og sø
Eller om vejen fører dig forbi mark, eng og hegn
Vi ved blot at solen vil komme og sneen vil tø
Og træernes kroner vil give dig læ for regn/
Vejen stopper, græsset og blade giver plads til ro
Din krop og sind får den tiltrængte hvile
På vejen går du ej alene med din tro
Og dine øjne og mund kan roligt smile/

Stilhed

Stilhed er som havet uden bølger.
Under det blanke hav er et liv som vi sjældent følger.
I stilhed kan der være kaos, vildskab og ro.
I stilheden kan vi være alene eller sammen os to.
For at bryde stilheden må du stikke hånden deri.
For først når du har gjort dette kan du føle dig fri.
Stilhed kan være godt og stilhed kan gøre ondt.
Nyd dine bølger de er dig forundt.

Livets verden

Vi lever i en verden som i mange henseende
betragtes som værende sort og hvid.
Vi lever i en verden hvor mange har fokus på lidelse
og splid.
Vi lever i en verden hvor vi planlægger uge for uge,
år for år.
Vi lever i en verden hvor vi glemmer at den korte tid
hurtigt forgår.
Dog lever vi alle i en verden af farver, selvom de
virker usynlige og grå.
Du har muligheden for at nyde glimtet, selv de korte
og få.
Livet er dit og kun du ved om du fik dine ønsker
nået.
Livet er dit og lige præcis du har denne mulighed
fået.

Balance

Inderst inde ved du det godt selv,
Livet er ikke blot defineret af lykke og held.
Du kan skabe din egen positive energi,
Og derved skabe balance indeni.
Fortæl dig selv, "jeg elsker mig",
Og se hvordan verden den smiler til dig.
Hav tro(på) håb og kærlighed,
Hav tillid til at du selv bedst ved.
Din intuition er klogere end din hjerne,
Tro mig når jeg siger, at du i livet er en stjerne.
Alene i livet er vi ej,
Find dem du vil ha' med på din vej.
Lev det nu, det liv så smukt,
Elsk hver en dal, bjerg og bugt.

Livets farver

Solnedgang over det store ocean virker smuk og givende.
Måske fordi mennesket tror det er blivende.
De smukke farver og en kontrast så stor.
Ærgerligt at mennesket har glemt at farverne i os alle bor.
Noget af det bedste vi kan forestille os er at se den med dem vi har kær.
Måske fordi vi derved får en følelses af at være hinanden nær.
Vi tænker at enhver solnedgang bliver efterfulgt af en ny solopgang.
Vi tænker at der kommer en ny dag endnu engang.
Timerne går så hurtigt og der er i livet så få.
Må tiden med kærlighed din vej gå.

Dråbe

Det store hav med den blanke dråbe,
får os til at grine, græde og håbe.
At himlen for altid vil være himmelsk blå,
at lykken altid os tilsmile må.
Om dråben kommer af tristesse eller lykke,
bør vi bære den som ærens smykke.
Et bevis på at vi igennem livet går,
sikkert er det at vi den sidste dråbe aldrig når.

Solnedgangen

Livets veje er fyldt med bump og uoplyste skarpe sving
Vi ønsker os ofte en lige vej, alverdens goder og smukke ting
Livet er en gave givet, vi ankommer nøgne og alene
Sandheden efterstræbes men der er ikke kun den ene

Sæt dit lys på det der giver dit liv lykke og værd

Elsk din nærmeste og næste, de er unikke hver især

Snart går solen ned, lige over bjergets top

Snart er dit smukke hjerte træt og må sige stop

Der var, der er

Der er et lykkeligt syn, dansende henover mark og eng
Der er en glæde i faderens hjerte når han ser på sin dreng
Der er smil og grin bag hans hårde ydre
Der og lige dér er det hans hjerte allermest nyder
Der er mange sagte ord og ting han i stilheden gemmer
Der er mange gode stunder som han for altid husker, aldrig glemmer
Der er kærlighed bag alle hans handlinger og alt hvad han gør
Der er mange ting han ønsker at sige men som han ikke tør
Der er svalen, den fløjter så smukt, den flyver i det høje
Der er en tåre af glæde, lige der i faderens øje
Der er en følelse som han ikke rigtigt kan rumme
Der er en masse ord han vil sige, men hans stemme kan kun forstumme
Der er svalen, den flyver frejdigt mod solen, den flyver mod syd
Der er drengens latter, den høres og faderens øjne lyses op af fryd

Der er kun dem i nuet, de lever to liv og af hinanden
lærer.
Der er kun en af dem der til evig tid den andens
byrde vil bære
Der er en fader og han vil gøre alt hvad der står i
hans magt
Der er én tid, et liv, og en masse ord han så gerne vil
have sagt

Der er en tid der er gået, en dreng er blevet voksen
og stor
Der er et afsavn, to er blevet en, han er alene
tilbage på denne jord.
Der er et digt som han sommetider tager frem og
for sig selv læser
Der er en ro der opstår i ham, selv når alt om ham
stormer og blæser
Der er en kærlighed i det skrevne og ord der
gengives som dengang de to var
Der er en ubeskrivelig kærlighed til hans søn, til dig
min dreng, skrevet af din FAR

Alfabetets symfoni

Allestedsværende, flygtigt og samtidig
Besnærende, følelse af lettelse men også af
Chok, du ved det inderst inde, valget er
Dit, du alene ansvaret har, sammen eller
Ene, for at skabe balancen, kan svaret til tider findes i
Fællesskabet, det er i symbiosen, at svaret kan være
Givet, vi længes alle efter noget væk fra os selv, men svaret er
Her, i dit hjerte der stille banker, du bør
Ikke tvivle på dig selv, ej heller din berettigelse.
Jeg tror på dig, spørgsmålet er om du
Kan og tør tro på den kærlighed og
Legesyge der i dit sind som vil ud, ud for at lade sig
More, ud for at mærke det ene liv der er os givet, det er i
Nuet vi leve skal, selvom mange os ej er
Opmærksomme på, at vi har livets gave fået, hvis blot vi er
Positivt balancerende, med fokus på livets
Quiz, som stiller os alverdens mulige såvel som umulige opgaver.
Roen er godt for den menneskelige sjæl, ro i

kroppen giver ro i
Sindet, ro i sindet giver plads til at være i nuet, samt
Tilstedeværelse i den virkelighed du som individ befinder dig i,
Uden dårlig samvittighed, uden bekymring for om du har
Viden nok til at gennemføre livets spil, et liv som giver dig nogle
Wakeupcalls som giver fokus på at du i højere grad spiller på livets
Xylofon, hvor den smukke musik afhænger af din egen
Ydelse samt evnen til at gå i dybden i dig selv, som en omvendt
Zorro der afklæder sig masken, for dernæst at tillade egoets
Ædle ansigt at komme frem, samtidig med at de mange få
Øjeblikke huskes til evig tid, og samtidig glemmes så hurtigt som det
Åbne hjerte kan bære.

Smuk

Livet er ikke et spørgsmål om du er dette eller hint,
dit værd måles ikke ud fra penge/
Jo kortere og svagere vores væge bliver, indser vi at
vi ikke er her så længe/
Du er nok for du er dig, stå fast på din moral/
Du er smuk for du er dig, du er dit eget havs koral/
De smukke farver minder dig om at livet har så
meget/
Den tid du fik, den tid der gik, stiller spørgsmål om
du fik leget/
Du søger tid men har så meget, ofte du det blot
glemmer/
Du savner dem der ej er mere, du husker svagt
deres stemmer/
Du er nok for du er her, du mærker livet så stort/
Kun du kan svare om det var nok, om du alt fik gjort/

Øjeblikkeligt for altid

Min kære dreng, som tiden går, dit sind og krop vokser.
Min kære dreng, jeg savner ord, med mange følelser i mit indre jeg bokser.
Min kære dreng, jeg blinker blot og pludselig var du en mand.
Men kære dreng, for tiden med dig jeg aldrig tilbagerulle kan
Min kære dreng, jeg vil dog nyde din stemme, dit grin, din latter.
Min kære dreng, når livets ende er nær først der vi livet fatter.
Min kære dreng, du er mit et og alt, min sol, måne og stjerne.
Men kære dreng, jeg sidder og kan fortiden skimte i det fjerne.
Min kære dreng, jeg sidder her og tænker om jeg mon var nok.
Min kære dreng, jeg smiler nu, jeg mindes vores lille flok.
Min kære dreng, der var engang, hvor du i mine arme ville være.
Men kære dreng, vid du blot, at du gør mig stolt og mit hjerte ære.

Velkommen

Langt over den sorte sky er en sol så stor/
Et sted på den lyseblå himmel sidder min far og min mor/
De smiler med fryd ned til mig, de på min lykke tror/
De nikker blot til hinanden, de i mit hjerte bor/
Vi er her alle ganske kort men kan med vores fodaftryk sætte spor/

Jeg mærker markens korn der kærtegner min hånd/
Jeg mærker fuglens kvidren, den beriger min salige ånd/
Jeg mærker solens stråler, den varmer sjæl og krop/
Jeg mærker alle livets faser, inden himlen kalder mig op/

Der er en plads i himlen til alle der efter det vil hige/
Måske vi engang vil mødes der, på himmerigets stige/
Når vi gør er "Velkommen min dreng", alt jeg behøver at sige/

Drengens skam

Jeg var en dreng med et liv så svært, fyldt med angst og frygt/
Jeg var en dreng der blot ønskede sig et hjem hvor der var fred og trygt/
Jeg var en dreng der følte sig forkert, trist og bange/
Jeg var en dreng der ønskede sig fri, men altid var til fange/
Jeg var en dreng uden ord, for alt var skyld og skam/
Jeg var en dreng der blot ønskede sig et kærligt varmt kram/
Jeg var en dreng der ej fandt ro, sind og krop var træt/
Jeg var en dreng der gav op, en dreng der for tidligt var mæt/

Den lille dreng blev til en mand, en mand der ofte smiler/
Den lille dreng er der endnu, han i den voksne mand hviler/
Den lille dreng han fandt sin ro, fandt sin vej i livet/
Den lille dreng det er mig og jeg takker dig, tak for alt der blev givet/

Sagnet

I et land langt borte, et land med ædelsten og silke-
Gemmer sig en mystik så stor, at ingen med sikkerhed kan sige hvilke-
Sikkert er det at sagnet det går, at der er en skønhed der funkler noget så smukt-
At farverne ikke kan beskrives og at alt omfavnes så blødt som vandet i en bugt-
Er det et sagn og måske fantasi, dette kan vi ej vide-
Men sagnet går og jeg håber blot, at jeg når at se det i tide-
Du skønne sagn jeg holder fast, for i dig jeg kan mærke-
Oh skønne sagn, sæt mig fri, og lad mig i fantasien flyve på den smukkeste lærke-

Valgets sejl

Lev, liv leves
Leg, lege leges
Elsk, elsker elskes
Dans, danse danses
Syng, sange synges
Tænk, tanker tænkes
Glæd, glæder glædes
Tænk, tanker tænkes
Syng, sange synges
Dans, dans danses
Elsk, elsker elskes
Leg, lege leges
Lev, liv leves

At gøre gode ting mere end en enkelt gang, kan man ej for ofte gøre.
At være et godt menneske, både over sig selv og andre, kan den ramte sjæl berøre.
At være tro mod sig selv og hverandre.
Kan for evigt og altid, dig selv, og din næste forandre.

Visdommens visdom

Visdom kommer af evnen til at reflektere over
hændte episoder.
Visdom er således en indre proces på noget ydre,
og foregår i vores hoveder.
Visdom er evnen til at udvikle egen forståelse og
oven på denne bygge.
Visdom er at sætte spot på det der er let samt
svært, ej at gemme det væk i en skygge.
Visdom er en evolutionær nødvendighed hvis vi
skal overleve som art.
Visdom er evnen til at være ærlig over for sig selv og
andre, at kunne se ting mere klart.
Visdom giver mulighed for at du som individ kan
være ærlig.
Visdom giver plads til at du indser, at du er særlig
kærlig.
Visdom giver mod og med mod opbygges vi som
individ.
Visdom er derfor lig kærlighed og evnen til at
bortlægge enhver strid.

Tilstrækkelighed

Luksus er tid med familie og venner/
Luksus er at kunne grine af det der hænder/
Luksus er at kunne mærke, føle og dufte/
Luksus er følelse for andre at kunne lufte/
Luksus er ej penge eller guld/
Luksus er fødder plantet i den danske muld/
Luksus er ej store huse og dyre biler/
Luksus er ro når du dit hjerte hviler/
Luksus er hverken ære eller magt/
Luksus er at få de kærlige ord sagt/
Luksus er ikke at skynde sig/
Luksus er at finde sin egen vej

Kloden drejer

Læg dig på den varme jord, du vil det hurtigt lære
At være i nuet på denne jord, det er en utrolig ære
Den givende natur er både stor og mægtig
Den er levende, farlig og hjerteligt prægtig
Pas på kloden, vi låner den blot
Se den som dit hjerte, stort og flot
Klodens puls pumper, du mærker det sagte
Kloden er vores hjem, du må den ej foragte

Sjælens skib

smuk, vi ved det alle/
sandheden er ansvar at påkalde/
døden kommer før vi ved det/
kærligheden består på livets turné/
få år efter denne jord er forladt/
efter regnskyl har fjernet de spor vi har sat/
er vi fløjet i glemslen ud/
vores skib er sejlet agterud/
min sjæl kan flyve sammen med hverandre/
eller findes ved Gud hvor jeg ikke længere skal vandre/
ingen ved det med sikkerhed/
men det sidste der består er kærlighed/
selv når du har udført det sidste buk/
står kærligheden vajende intakt så stor og smuk

Stiernes scene

Det er som en solstråle der varmer din kind-
ægtheden virker først når du lukker ærligheden ind-
et hvert menneske er ofte sig selv nærmest-
måske er det derfor næstekærligheden er allermest
fjernest-
med selvkærlighed kommer en accept og ro-
med næstekærligheden kommer samhørighed og
måske tro-
en tro på at du ikke er alene på denne klode-
hvis du er et søgende menneske er dette din kode-
indser du dette står alt mere klart-
accepterer du dette oplever du snart-
at alt er forbundet og du er ikke alene-
du står sammen med andre på livets scene-
så kig op og se hvad der mon sker-
tag livet ind og mærk så meget mer'-
selv månen kan lyse op og vise vej-
hvilken sti du vælger, er op til dig.

Kom

Begrav mig blot men forglem mig ej, for livet er blot et blink.
Skynd dig gerne hvis du må men husk mit stille vink.
Løft blot glasset og lad os skåle, send mig et kærligt smil.
Dans med mig mit livs kærlighed, lad os rammes af Amors pil.
Kig i mine øjne, lad mig se ind i dit betagende univers, der fortsætter uden ende.
Lad mig svømme hen i paradiset, lad vores sjæle mødes og til hinanden bekende.
Læg trygt din hånd i min og dernæst på mit hungrende hjerte.
Mærk hvorledes vores sjæle sammen smelter, hvorledes de flyver uden smerte.
Kys mig nu, lad vores nervøse læber mødes.
Luk blot dine øjne og mærk hvorledes kærligheden fødes.
Bliv hos mig og lad os gå gennem livet med alt hvad det os byder.
Tag først afsked når krop og sind er træt, når den sidste omgang den lyder.
Sig det ærligt, sig det kærligt og vær tryg heri
Se blot på det liv der foran os ligger som det smukkeste maleri.

Det første – Det sidste

Mine ben skælver som elven der bruser.
Alt er sort, alt forbi mig suser.
Jeg mærker en tomhed, mærker intet og alt.
En følelse af klaustrofobi, en følelse af at alt bliver smalt.
Du er her ej mere men overlod mig alene med livets tøjler.
Jeg forsøger at være stærk, men mangler nu dig, mit livs søjler.
Du gav mig livet, viste mig vej.
Du tog afsted, nu mangler jeg dig.
Jeg kan ej tro at mit savn forsvinder.
Jeg mangler dig, du mit livs stifinder.
Mon du i himlen smiler og på mig venter?
Mon du ved himmerigets port mig en dag henter?
Jeg glæder mig til dig igen at se.
Jeg glæder mig til dit kram, at høre dig le.
Du hjalp mig forsigtigt med mit første skridt.
Lad det sidste jeg tager, blive akkurat så blidt.
Hils dem alle, alle jeg kender.
Vi ses når jeg tilbage til jer vender.

Sjælen i flasken

Glasset er oftest imellem os, det løftes og klirer.
Der er råb og skrig, ingen kan høre hvad jeg siger.
En hånd i bordet, nogle gange er det min.
Du lever kun når du i glasset har din elskede vin.
Du er den voksne, det er nu engang din rolle.
Jeg er altid alene, I er gået kolde.
Der hamres hårdt på døren, mon den kan holde?
Barndommen er væk, jeg kan ej mere lege og fjolle.

Hvorfor du drikker det ved jeg ikke.
Elsker du mig, elsker du kun at drikke?
Der mangler et nærende elskeligt bånd.
Der mangler en voksen der tager min hånd.
Der mangler meget, men aldrig dine flasker.
Jeg skjuler mig selv bag uærlige masker.
Jeg ved ikke om du har mig kær.
Eller om dit drikkeri for dig er mere værd.
Jeg tryglede om at det skulle blive bedre.
Jeg håbede at du mit ønske ville hædre.
Men flasken havde krammet om din fortabte sjæl.
Flasken gjorde dig ulykkelig, slog dig ihjel.

Du efterlod mig ude på livets stormfulde hav.
Mon jeg nogensinde kunne leve op til dine krav?

Jeg forsøgte at finde vej, finde ind til land.
Jeg forsøger at blive den bedst mulige mand.
Flasken står stødt og på mig stirre.
Stoltheden og sorgen kommer frem når jeg siger.
Tak, men nej, jeg dig ej behøver.
Jeg har set hvordan du fortabte sjæle bedøver.
Jeg har mærket hvordan du manges liv frarøver.
Det er svært, men ved gud hvor jeg prøver.

En skønne dag

En dag er der ikke længere et nyt forår der kommer
dig i møde

En dag er der ikke længere fuglesange i
trækronerne.

En dag er det ikke længere muligt at mærke dine
elskedes arme omfavne din krop og sjæl.

En dag er det ikke længere muligt at skjule at livet
og du ikke længere skal følges ad.

En kommer dagen som er den sidste dag.

En sidste tanke, et sidste solstrejf der aer din kind,
strejfer dine øjenlåg.

I den sidste ende vil alt være den sidste gang.

Lad os ej forglemme den første gang.

At være

Jeg forsøger at være stærk, aldrig at græde

Jeg glemmer dog at det kan være en givende sti at betræde

Jeg mærker den svære følelse, at få ordene ud af min mund

Jeg forsøger at være standhaftig, at glemme følelserne for en stund

Dog kan der være frihed når der på min kind er tårer

Jeg må stå ved den jeg er, ellers er det kun mig selv jeg sårer

Kærligt ærligt

Kære ven, du mit livsvidne og trofaste klippe/
Jeg kan være tryg i visheden om at du ej vores venskab vil slippe/
Du bakker troværdigt dine ord op med handling/
Du er dig uanset livets forvandling/
Prøvelser i livet har der været mange af/
Måske på grund af dette har vores venskab flere lag/

Vi filosoferer over livet, griner og græder/
Ukendt land vi sammen også betræder/
Når jeg til tider har mistet min egen retning/
Har du skabt balance ved hjælp af en enkel sætning/
Ansvaret er mit eget og du fik mig spurgt/
Hvad vil du? Hvad har du så selv gjort?/
Meget kan siges når det siges ærligt/
Vores venskab er rent, vigtigt og ærligt.

Ode

Dit blik siger mere end tusinde ord/
Dit hjerteslag fortæller sandheden, jeg på det tror/
Du fødte mine kære, jeg for det alt dig skylder/
Du gav mig tro på kærlighed så det i mit hjerte
fylder/
Dit kram, dit smil, din særlige duft/
Du gør mig ør i hovedet, du giver mit hjerte luft/
Luft til at leve og fyldes med glæde/
Luft til at holde sammen på vores ægteskabskæde/

Vi er bedst når vi til hinanden lytter/
Vi er bedst når vi to sammen livets skakbrik flytter/
Lad os aldrig imod hinanden i livets spil spille/
Lad os for altid på samme side os stille/
Vores fælles liv handler ej om hinanden at besejre/
Vores kærlighed er for dyrebar til ikke hinanden at
fejre/
Med dig ved min side har jeg en ven/
Dit blik giver ro, jeg er aldrig alene igen/

Loyalitet

Jeg kan se at du er nede, det er helt ok. Sig til når jeg skal hjælpe dig op./
Jeg kan se at du er træt, jeg forstår. Vi bliver alle ramt, vi har alle brug for et stop./

Tag din tid, der er ingen grund til at skamme sig./
Vi bliver alle ramt, nu er turen kommet til dig./

Jeg lægger mig gerne ved din side, hvis det er det der skal til./
Jeg tier også gerne stille, hvis det er det du vil./

Når du er klar, lad mig det blot vide./
Når tiden er inde tager jeg din hånd, hjælper dig op og står ved din side./

Blot et menneske

Vi er blot mennesker med alle vores fejl.
Vi forsøger alle det bedste vi har lært.
Vi er alle skibe på de syv have, nogle af os med
ødelagte sejl.
Vi forsøger alle at overleve, at bevare hvad vi har
kært./
Vi synger alle med vores eget næb, alle med egen
lyd.
Vi finder ikke alle vores livs formål, vores egen
skabte melodi.
Vi søger alle mod glæden og hvad der skaber en
indre fryd.
Vi kan dog alle næres af andres smukke ord, vævet
sammen som en symfoni./
Vi kan alle mod de funklende fjerne stjerner sigte.
Vi må alle sætte koordinaterne og navigere efter
eget kort.
Vi kan alle livets tekst forfatte og derved skabe
vores eget livs digte.
Vi bør alle af hinanden lære, samt finde os selv
inden vi går bort./

Alt har en pris

Hver dag den samme smerte, den samme frygt/
Hver dag beder jeg til at alt bliver anderledes, at alt bliver trygt/

Når festen er ved at være slut og gæsterne går/
Ved jeg at der venter en nat med råb og skrig, at jeg ingen nattesøvn får/

Jeg forsøger at være stærk, forsøger at lukke alt ude/
Men det ser ud til at provokere, ”stop dog med at tude!”/

Drømmer mig væk i fantasien og en fremtid med egen bil/
Drømmer om at være mig selv, at kunne komme væk med stil/

Men mine tanker bliver konstant forstyrret af den stigende larm/
Mine følelser bliver kolde, vil så gerne mærke en kærlighed så varm/

Jeg ser ind i dine øjne, der er intet at se, du er væk/
Jeg forsøger at skjule min smerte, men mit barriere har læk/

Hvornår mon jeg denne daglige smerte kan slippe, hvornår mon den hører op/
Hvorfor er jeg her, hvorfor er der ingen der hjælper, ingen der siger stop?/

Alt er godt og humøret er højt indtil promillen sætter ind/
Til dine øjne bliver røde og alkoholen påvirker dit sind/

Alle gæsterne ser på mig, ser i mine øjne og går/
Ingen ved hvilken smerte jeg har, hvilke ar på sjælen jeg får/

Var der ingen der så det lille barn?
Var jeg intet værd, blot et lille skarn?

Selv den dag i dag har jeg brug for at være mig selv, at være alene/
Er jeg mon værd at holde af, værd at elske? Det skulle jeg mene

Sindsroens tegn

I dag så jeg det smukkeste tegn, en fjer kom ned fra oven/
Det giver mig fred og hjertero, hjælper mig midt i sorgen/
Det siges at det ofte er en engel der til os er sendt/
Disse ord varmer mig, de har i mig en livsgnist tændt/
Mon du ved min side er og beskytter mig mod det onde?/
Sandheden er at jeg nu tør stole på at mit sind og krop kan blunde/
Følelsen af at du støtter mig, at du er bag ved min ryg/
Giver mig smil på læben og glæde i sind, får mig til at føle mig tryg/
Må du mig i livet støtte så længe jeg vandrer efter svar/
Men jeg tror nu svaret er givet, "jeg er her til du er klar."

At handle

Det handler ikke om mig, ej heller om dig

Det handler ej om fortid, heller ej om fremtid

Det handler om at være, i relation af ære

Det handler om at søge, om kærlighed at øge

Det viser sig så tit, at sindet går for vidt

Det viser sig sågar, at i troen er der svar

Ser vi det ej?

Lev i mørke; lad din øjne tilvænne sig det uvisse, så
vil de forstå

Lad skønheden blomstre; som nattens udyr vi hørte
men aldrig så

Bliv i frygten; led aldrig efter trygheden, den kunne
vi aldrig få

Spejd blot længe; efter alt det skønne dine øjne
knap kan se

Forkast alle tanker; det hele er i hovedet, det vil du
snart indse

Hvil i lyset; det giver en glæde en ro og smil, lad
ordene forme sig, lad din sjæl om fred be’

(Falsk)Sandhed

En falsk sandhed er at du kan hvad du vil/

Til det skal du vide at du kan bringe i spil/

Din vilje og tro på egne evner/

Levner du plads til andre de måske på dig hævner/

Bliver du ej den bedste version af dig selv/

Held er en faktor men selv det kan give skælv/

Accepter dette uden skam og skyld/

Fyld dit liv med glæde og derved livet hyld!/

Tom i tomheden

Jeg er tom,

tom for ord og gnist.

Jeg er ked,

Føler mig så uendelig trist.

Jeg er rodløs,

Aner hverken ud eller ind, op og ned.

Jeg lever dog,

Derfor vil jeg mere end overleve, derfor bliver jeg ved.

De 10 råd

Lyt; oprigtigt og med nysgerrighed, stil spørgsmål
og vær kærlig derved.
Det er først når vi lytter at egoet og fællesskabet
kan blive kloge.
Det er en fælles forpligtelse forsigtigt at åbne
selvets låge

Tilgiv; dig selv og hverandre, vi lever alle for første
gang. Vi gør alle hvad vi kan, der er andre der ud i
drømmen sprang. Eller måske de sågar fortrød, at
de ej handlede på chancen dengang den sig bød.

Del ud; af dig selv og din viden. Cirklen fuldendes
altid, det kommer før eller siden. Hvad du deler skal
du få, det er livets lov. Del ud af din kærlighed,
undlad at være grov.

Tal; med dem du holder af, vi kender alle nogen
som har os forladt. Vær opmærksom på alle
detaljer før det sidste punktum bliver sat.

Nyd; tiden. Vi har ikke alverdens tid, vi ved ej hvor
længe. Tid er det dyrebareste vi har, tid kan ej
købes for penge.

Svar; på hvad du end bliver spurgt, dog bør det være ærligt. Hvis du er ærlig i dine svar, har du fokus på noget kærligt. Det er både dig selv og din relation, det er meget særligt.

Giv; dig hen, til hvad end du måtte nyde. Lad dit hjerte boble af glæde, af fryd lystigt syde.

Bed; for alt hvad du har kært, men sørg for kun til én at bede. Tro med hjertet og på at du er værd at redde.

Hav tillid; at du ej er alene selvom det kan føles sådan til tider. Hav tillid til at balancen er der hvis du har blik for begge sider.

Lov; intet du ikke kan holde, men lov dig selv at du vil bruge dit liv på at finde balancen der er din egen. Lev dit liv, gør dit bedste, hop med på legen.

Tiden

Tid som begreb er en uendelighed der aldrig ender,
men selvsagt bliver ved
Jo ældre vi bliver bliver tiden mere seriøs, vi fatter
først her at tiden den er porøs

Tid kan forklares aldrig til fulde forstås, altid vi
jagter, men ikke alt kan nås

Det siges at tiden læger alle sår, falskt eller sandt
så er det ganske sikkert at tiden den går

Om hvad der sker i livet er godt eller skidt,
bestemmes ud fra det mindset der er dit

Tiden er omsluttende der er blot en hage, tiden er
forudsigelig, den vender ej tilbage

Tid er din valuta som livet ta'r, du kan aldrig vide
hvor meget du i pungen har

Med penge har du mulighed for meget at købe, men
tiden vil for alle altid udløbe
Invester din tid på hvor du mening finder, måske det
er sådan du livets spil vinder

Mon?

Jeg er i konkurrence med ingen og med alle.
Mon der findes andre som, når livet bliver svært, vil på mig kalde?

Jeg kæmper med hver en fiber, jeg kæmper med alt hvad jeg kan.
Mon der er nogen der ser mig og ved at livet også er svært som mand?

Jeg søger at sætte ord på hvad der i mig sker.
Mon der er nogen der ærligt vil mig og i mig mennesket ser?

Jeg mærker en afstand, føler ej jeg hører til.
Mon der findes nogen, som mig det kærligt vil?

Væren

At være sød ved dig selv er den største gave
At være sød ved dig selv fratager dig en kæmpe byrde
At være sød ved dig selv er at erkende, at du er dit eget livs hyrde
At være sød ved dig selv uanset hvad du måtte lave

At være sød ved dig selv også når livet er grumt
At være sød ved dig selv selv når livet er dumt
At være sød ved dig selv giver plads til dit livs centrum
At være sød ved dig selv inden din aske ligger på havets bølgeskum

Det

Det tærer på mine følelser påvirker mine tanker

Det påvirker min sjæl det negative
selvbillede mig krænker

Det kommer ind bag selv de mindste
sprækker

Det i min skrigende sjæl hiver og trækker
ved aldrig om mine
egne evner rækker

Det lader mig aldrig få ro aldrig kan jeg opnå en
tilfredsstillende ligevægt

Det minder mig om da jeg var knægt
minder mig om, om
jeg er værdig til min slægt

Fortæl mig – forkæl mig

Fortæl mig at jeg er elsket, fortæl mig at jeg er værd
at holde af.
Fortæl mig at jeg skaber værdi, at jeg er værdi til at
opleve glæde hver eneste dag.
Fortæl mig at jeg er pæn, empatisk og ærbar.
Fortæl mig at jeg er sød og sjov, at jeg opleves som
værende rar.
Fortæl mig at jeg en dag vil blive savnet, men
senere glemt.
Fortæl mig at du en plads i dit hjerte et sted for mig
har gemt.
Jeg kigger mig i spejlet, gentager dette for mig selv,
det gør mig godt.
Det er min opgave at fortælle mig selv at, jeg har
min ryg, at der er stier der er u betrådt.
Du min ven, er både empatisk, ærlig og flot.
Husk kærligheden til dig selv, når livet bliver råt.
Memento mori bør jeg for altid huske.
Det minder mig om ej ud ad livets bagdør at luske.
Jeg minder mig om at livet er forhistorie som jeg er i
gang med at skrive.
Døden er sikker, jeg er ej kommet til livet for at
blive.

Balancen

Grænsen er hårfin mellem gal og genial.
Forskellen til tider er ganske minimal

Søg det svære, søg det nemme, søg at finde balance.
Vælg med hjertet, brugt dit hoved, tag dog den chance.

Chancen for at du på forhånd kan udregne resultatet er dubiøs
Vælg livet husk døden, husk at livet er porøst.
Vælg balance og tag dig selv tilstrækkeligt seriøs

At

At leve er at forstå – at livet vil forgå

At elske er at vide – uden kærlighed vil vi lide

At tænke er at sejre – drømme vil i os lejre

At tale er af sølv – egen visdom kan være i et fingerbøl

At lytte er af guld – alverdens viden bliver da ej mangelfuld

Du danske sommer

Det regner, dråberne på taget urytmisk trommer.
Jeg segner lidt for jeg havde drømt om en lun
sommer.

I regnen er der stilhed og alligevel en larm.
Bag ruden jeg drømmer om en tid så varm.

Langt væk i mine drømme drømmer jeg frit.
Bort til et land hvor solen skinner tit.

En dansk sommer hvor alt er blåt og grønt.
En sommer i Danmark er nu noget så skønt.

Klodens kamp

Alle generationer kæmper deres egen kamp, ingen
er forskånet
Alle er imod de andre, alle bliver vi hånet
Kæmper om sager som miljø, penge, magt og køn.
Kæmper uden omtanke for andre, glemmer at det
for os alle er synd.
Alle er vi mennesker med egen intuition.
Vi bliver aldrig bedre uden tanke på den fælles
evolution.

Skal vi alle imod hinanden kæmpe?
Eller kan vi ej med fordel kampen forsøge at
dæmpe?
Alle generationer er nogens forældre eller børn.
Alle forsøger at gøre deres bedste, tage deres tørn.
Skal vi ej forsøge at give dem plads og rum?
Derved giver vi alle tilbage til livet og kloden, en
større sum.

Farveløs

At være farveblind skærper andre af mine sanser,
dog forståelsen af vores farverige verden, altid
hurtigt standser
Det er som om min verden altid er fyldt med et lag
støv,
som kunne jeg ej høre dine smittende latter,
som var jeg tæt på døv.

Aldrig kan jeg vores verden forstå, forstå den helt til
fulde,
som om der altid er ”farvekoldt”, som om der kun
er kulde
Kan du så slet intet se eller er det kun sort og hvidt,
jeg ser farver nuvel, men du hører ej den lille
musvit?

Den sidste billet

Den dag Himmelekspressen standser på min
perron og inden fløjten vil lyde,
vil jeg ind i dine øjne se, et sidste kys lykkeligt nyde.
Ser jeg mon i dine øjne en frygt, er du blevet ked?
Frygt dog ej min elskede for med dig levede jeg
livet, det håber jeg at du ved.
Døren er nu åben, din hånd så svær at slippe.
Vi har haft vores tur i livet, du har altid været min
klippe.
Du må blive tilbage her, du min store kærlighed, mit
livs åndsfælle.
Jeg glæder mig til vi ses igen og til at høre hvad du
har at fortælle.
Inden vi siger farvel og jeg min plads i ekspressen
har fundet,
Skal du vide at livet ej var en kamp men jeg alligevel
med dig alt har vundet.

Toget sætter i gang, kører ud i den mørke nat.
Fortvivl ej elskede for inden længe kommer lyset –
vi ses min elskede skat.

Det er spørgsmålet

At rejse er at leve, men lever vi for at rejse?

At spise er at nyde, men nyder vi det vi spiser?

At tale er at forbinde, men forbinder vi når vi taler?

At elske er at mærke, men mærker vi det vi elsker?

At grine er at glædes, men glædes vi når vi griner?

At vinde er at sejre, men sejrer vi når vi vinder?

At tabe er at lære, men lærer vi når vi taber?

At huske er at mindes, men mindes vi når vi husker?

At dø er at leve, men lever vi når vi dør?

Altid

Du vil altid være elsket af mindst en, om du tror det
eller ej.
Der vil altid være en der af hele sit hjerte håber at
du ser vedkommendes vej.

Du vil altid være i en andens tanker, tvivl ej herpå.
Der vil altid være en der din opmærksomhed
ønsker at få.

Du vil altid kunne få mindst en til at smile når du er i
vedkommendes tanker.
Der vil altid være en hvor du er grunden til at
vedkommendes hjerte banker.

"Jeg elsker mig selv, jeg er nok", er noget du til dig
selv bør sige.
Ellers vil du for altid efter andres kærlighed hige.

Selvkærlighed

Du kan se dit liv som et eventyr, hvor alt det ender
lykkeligt.
Eller som en tragedie, hvor det meste det er
frygteligt.

Uanset hvilket perspektiv du vælger,
bliver livet et resultat af, i hvad du i dig svælger.

Vores hoved søger resultater - søger spænding,
vores hjerte søger stimulation – søger efter
tænding.

Du kan dine egen lykke skabe, din egen fremtid
udstikke,
det bedste du kan sige til dig selv er – måske,
måske ikke.

Hovmod

Historien om Ikaros sætter lys på en menneskelig tematik -
Det belyser hvad der skete med en mand som storhedsvanvid fik/
Perfektion er umuligt, det kan ikke lade sig gøre -
Man kan sigte efter solen men den lader sig ikke røre/

De flotteste vinger af voks du kan bygge -
Jo højere mod solen du kommer, desto mindre skygge/
Varmen stiger og voksen vil smelte -
Vingerne forsvinder, du vil falde som dine helte/

Flyv ej heller for lavt, ej for tæt på vand -
Det er i midten, med balance du kan holde stand/
Trods visdommens advarsler og velmenende råd -
Blev Ikaros for selvhøjtidelig, blev for kåd/

Overkompenser ej, kend dig selv og egne evner -
Måske således hovmodet på dig sig ej hævner/
Vi er ej bygget med vinger, som mennesker har vi et andet kald – Erindre dette eller bliv klogere i dit eget livs fald/

Ego'et

Mennesket er ej gud, blot en evolutionær amøbe -
vi er for evigt i gang med vores eget forfald at støbe/

Alle har kun tanker på sig selv og egne behov -
alle hakker på hinanden, på andres ro går vi på rov/

"Hvad er bedst for mig?" synes at være tanken -
pisser på den "svage" for dernæst at klage over
stanken/

Ingen tager ansvar for vores æres samhørighed og
fællesskab -
alle vil have deres navn på succesen, ingen på
vores fælles tab/

Bøger med lærdom bliver fornægtet, vi mister
sammenhængskraft og styrke -
Ligegyldigheder, objektive sandheder og penge er i
fokus, idoler vil alle dyrke/

Uden blik for indhold og formål synes vi at søge
væk fra den virkelighed der er vores egen -
Tænk at vi er nået til et sted hvor dem vi er, måden
vi ser ud på gør os forlegen/

At vi åbenbart har brug for at vide hvorledes vi skal
leve, hvordan vores liv bliver rigtigt -
at de få tjener penge på netop dette glemmer vi,
men at huske på dette er vigtigt/

Skal vi virkelig lade os styre og lade andre vores liv
diktere? -
Personligt synes jeg det er synd, ærlig talt lader jeg
det mig pikere/

”Hvad kan jeg gøre?”, ”Uanset hvad jeg gør, gør det
ingen forskel!” -
Måske har du ret, uanset hvad så forlader vi alle
dette, siger alle farvel -
”Og så kan det jo være lige meget, så er det ikke mit
ansvar, er det vel?”

Frygten i tomgang

Er det nu?
"Jeg må ikke komme for sent."
Jeg MÅ ikke komme for sent/
Jeg spejder. Efter bilen. Efter tolv dage i uvished.
Efter tolv dages ensomhed.
Der er mange timer til. Jeg forsøger at være i nuet.
Er hele tiden i frygten.
Frygten for tiden, og at tiden er kommet. Den kan ikke undgås/
Søndage er min hade dag. Søndag er dagen hvor trygheden forsvinder.
Søndag hader mig, håner mig, hakker på mig/
Der er ikke lang tid til. Jeg får en klump i maven. Jeg begynder at tage afstand selv.
Afstand til trygheden. Afstand til kærligheden/
Klokken tikker stille, men rammer hårdt.
Det er tid.
Den kommer nærmere huset.
Som et monster der har sit bytte trængt op i en krog/
Tårerne sætter sig på lur, de sætter sig klar til at springe frem.
"Du må ikke græde."
Du MÅ ikke græde!/
Jeg tager min taske.

Giver et kram.
Tør ej føle om krammet er gengældt. Om krammet er hjerteligt.
"Jeg skal være hård."
Jeg SKAL være hård!/
Nakken dukkes.
Jeg bevæger mig i slowmotion – ud.
Ud mod et ukendt, kendt monster.
Jeg tør ikke se mig tilbage/
Sætter mig i bilen.
Der stinker af alkohol.
Intet bliver sagt, kun bilen taler.
Står i tomgang – ligesom mit liv nu gør – sættes i gear/
Jeg undlader at tage sele på. Hvad skulle der kunne ske?
Jeg vender mig om, kigger ud.
Ser dig, ser Jer. Smile. Vinke/
Jeg forsøger at smile. Forsøger at vinke.
Et smil kommer frem – det samme gør tårerne.
Klumpen i maven formerer sig – sidder nu også i halsen/
Bilen kører ud. Ud mod tomhed, væk fra kærlighed.
Væk fra mig selv.
12 dage.- "Du kan klare det!"
KAN du klare det?/

Jeg'et

Bliv hos mig, bliv hos mig- jeg er ej rede.
Bliv blot lidt længere, du må mig ej forlade.

Luk blot dine øjne i hvis du har brug for ro.
Mens du gør så husk vores latter, husk tiden hvor vi sammen lo.

Jeg ser at du har smerter, men ser du ikke mine?
Jeg er ikke klar til at miste dig, at miste de smukke øjne som er dine.

Jeg hører at du kæmper, åh det i mit hjerte skærer.
Jeg ville ønske jeg kunne kæmpe din kamp og din smerte bære.

Jeg tager din hånd i min, kan mærke vores minder sammen smelte.
Jeg ved med sikkerhed at snart vil min verden vælte.

Jeg smiler til mig og du til mig – dette viser dine øjne.
Vi er her sammen nu, kun nuet, ingen løgne.

Jeg tør ej lukke mine øjne, for måske du forsvinder
den næste gang jeg blinker.
Så vil næste gang vi ses være i himlen, hvor du
imødekommende og smilende står og vinker.

Åh det smerter i mit hjerte, min savn og sorg er
allerede stor.
Jeg elsker dig skal du vide, i mit hjerte du for altid
bor.

Jeg kan se at du er træt, af kræfter har du ej flere.
Det er ok, vid at du har altid været min stjerne – nu
kom der på himlen én mere.

Fødselsdag

Sommeren 1982, ikke som sommeren 1992, knap
så meget eufori.
Dog en skelsættende sommer hvor jeg blev født,
samt år 1992 da det var sommeren hvor jeg blev ti.

Første runde dag og et tidspunkt hvor jeg om min
alder blev mere bevidst.
En fødselsdag der skulle fejres som første af
mange, men jeg var tom og trist.

Rundt om mig var familie og gaver, der var grin og
smil hos de fleste.
Inden i mig var der en følelse af melankoli, jeg var
trist for det meste.

Jeg vidste at festen ville slutte, så hvorfor være glad
og fejre.
Som altid og for evigt blev lys til mørke og
tristheden ville altid sejre.

Gaverne gav kortvarig glæde for ofte kunne de ej
bruges alene.
Følelse var uundgåelig, grin omkring mig og
melankolien i mig, kunne jeg ej forene.

Som barn bør du fritages fra det negative billede af
vores verden.
Som barn bør du kunne nyde at du er tilstede og
hverdagens forudsigelige færden.

Fødselsdagen sluttede akkurat altid på samme
måde, jeg blev altid forladt.
Måske er det derfor jeg altid har svært ved min
fødselsdag, den er af mig forhadt.

Jo ældre jeg bliver, desto mere ønsker jeg at blive
anerkendt, set for den jeg er.
At jeg er værd at elske, værd at holde af – at jeg ikke
for alle blot er til besvær.

Klodens tilgivelse

Læg dig på den varme jord, du vil det hurtigt lære/
At være i nuet på denne jord det er en utrolig ære/

Den givende natur er både stor og mægtig/
Den er levende, farlig og hjerteligt prægtig/

Pas på kloden, vi låner den blot/
Se den som dit hjerte, stort og flot/

Klodens puls pumper, du mærker det sagte/
Kloden er vores hjem, du må den ej foragte/

Hvileløs

At leve et liv som ej skulle være mig givet er
bittersødt
For starten på livet var hård, hjulpet godt på vej af
sætningen "du skulle aldrig have været født".
Flere gange i mit liv har jeg følt mig uønsket, at være
til gene.
Flere gange i mit liv har jeg, i fremmede
udenlandske byer, vandret alene.

Vandret uden at kende byen, kulturen eller sproget.
Flere gange følt at jeg i min søgen, mit eget liv har
vovet.
Hvor var du, du der dit barn skulle beskytte?
Hvad kunne du når du din krop op af væggen måtte
støtte?

Du forfaldt til fristelsen af at forsvinde, havde fokus
på egne behov og lyster.
Jeg søgte trøst og viden, søgte mod livets fjerne
kyster.
Du respekterede sjældent mine handlinger, sågar
min moral du fordømte.
Var det mon din dårlige samvittighed der ramte for
den dreng som du forsømte?

Rejsen

Mælkebøttens frø slippes fri og svæver ud i den
solrige dag.

Som barnet der flytter hjemmefra, vi forældre
slipper dog aldrig helt vores tag.

Frøet svæver ganske let, hvor end vinden den måtte
drive

Vi ønsker blot at livets lykke og glæde dem må
tilskrive

Et enkelt frø kan sætte blomst og spirer, således
går naturen sin gang.

Pludselig går det op for os at vi er gået glip af
svalernes sang.

Nu er mælkebøtten klar på ny, om lidt sættes
frøene fri.

Husk de gode stunder nu, således bliver du på
minder rig.

De grønne øjne

De grønne øjne søgte dine men mødte kun en
person, fraværende og kold/
Det kolde blik i dit fravær skabte et panser, skabte
et skjold/
Evnede du ej at verbalisere din kærlighed, eller var
den der blot ej?/
Handlede du på dine følelser, eller turde du ikke,
var du fej?/
Hvad end din årsag var så lad os dog erkende/
Din måde at elske på, mig til helvede måtte sende/

”Jeg elsker dig” blev det nogensinde sagt?/
Den lille drengs kærlighed blev den nogensinde
vakt?/

Hver dag følte jeg mig som ct offer på livets alter/
Hver dag var en kamp med konsekvens for hvordan
jeg nu kærlighed forvalter/
Jeg forsøger at gøre mig fortjent til Guds himmerige/
Jeg gør mit bedste for ikke andre mennesker at
svige/

De grønne øjne ser med mistro på alskens gode
handlinger og søde ord/

De kolde øjne de mødte, har rodfæstet sig i
panseret og skjoldet i mig stadig bor/
De grønne øjne er fyldt med selvhad, fyldt med
vrede/
De grønne øjne skifter til sort som sjælen der ikke
står til at redde/

Mine grønne øjne har set en del, det har sat sig dybt
i min sjæl/
Jeg forsøger hver dag at være god, udvise kærlighed
og glæde – ej at være fæl/
Min barndom var mørk og forladt, min tro på
fremtiden kulsort/
Nu er ansvaret og byrden min egen, ikke at
behandle mine nærmeste som lort/

"Jeg elsker dig" dagligt jeg til mine kære siger./
De grønne øjne smiler inderligt, kæmper ej længere
som en kriger/

Tak

Senere
Vi ses senere
Vi ses senere, jeg glæder mig.

Savner
Jeg savner dig
Jeg savner dig, det gør ondt.

Livet
Livet går videre
Livet går videre, det er svært.

Døden
Døden rammer alle
Døden rammer alle, hvornår vides ej.

Nuet
Nuet sker nu
Nuet sker nu, lev det nu

Eftertænksomhed